ドイツ式だからすいすい編める
ベルンド・ケストラーの引き返し編み

No.5

編み方→P.49

No.33

「ドイツ式引き返し編み」は、私の一番のお気に入り。
段染めの毛糸を使えば、初心者も上級者も簡単にあっと驚くほど美しい模様が編めてしまいます。
「ドイツ式の引き返し編み」なら、複雑なこと一切なし！
今年は編み物が、もっともっと楽しくなりますよ。

Contents

編み物の可能性が無限に広がる「ドイツ式引き返し編み」　6

タンブリング・トライアングル　9
最初の引き返し編みの練習におすすめ

スパイラル　12
アクセサリーのようにも楽しめる

寄せ木　17
段染めの毛糸が映えるV字形のユニークな模様

葉っぱのスヌード　22
2種類の三角形を組み合わせて

ミニウィングレット　24
半円を描くエレガントなミニストール

ブリム付き帽子　26
ブリムを付けて、両面イギリスゴム編みで

キャップ　28
ソックスのかかとのように編む帽子

ウィングレット　31
飛行機の翼の先にある羽の形のショール

ウィングレットレース　35
レース編みを取り入れた軽やかなショール

枯山水　38
ドイツ式引き返し編みだからできる一生もの

パワー・オブ・テン　43
「10」の数字を頼りにしてできたショール

オールドシェイルのスカート　44
Aラインと波の模様が美しい

編み針について　46
この本で使った糸（実物大）　47

ドイツ式引き返し編み：ダブルステッチとダブルステッチの段消し　48
タンブリング・トライアングルの編み方　52
スパイラルの編み方　55
ガーター編みの寄せ木の編み方　58

基本のテクニック
　伸縮性のある作り目　86
　目と目の間から糸を引き出す作り目　87
　あとからほどける目の作り方　88
　ガーターはぎ　88
　3目のiコード止め　89
　伏せ止め　90
　アイスランディック止め　90
　ゴム編み止め　91
　ポンポンの作り方　91

棒針編みの編み目記号の編み方　92
素材の入手先　96

編み物の可能性が無限に広がる
「ドイツ式引き返し編み」

　ドイツ式引き返し編みこそ、編み物の醍醐味です。段を編み進めるたびに目数が変わるので、段染めの毛糸で編むと、毎段模様の出方が変わり、予想もしなかったような美しい模様が現われます。一度覚えてしまえば編み図を見る必要もなく、同じことを繰り返すだけで、一見複雑そうなデザインが簡単に編めてしまうのです。

　引き返し編みには大きく分けて、「ドイツ式」、「日本式」、「ラップ・アンド・ターン」の3種類がありますが、ドイツ式が一番簡単できれいに仕上がると思います。日本で最初に紹介された「日本式」は、ややこしくて編みにくいので、敬遠されてきたのではないでしょうか。たいてい、靴下のかかとやセーターの肩下がりの部分を編むときにだけにしか使われていないようです。海外でよく紹介されている「ラップ・アンド・ターン」は難しくはないのですが、編み地に穴ができてしまい、きれいな仕上がりになりません。一方、ドイツ式はとても編みやすいうえに、編み地に穴ができることもなく、きれいにしっかりと編めるのです。

　私は各地で編み物教室やワークショップを開いていますが、ドイツ式引き返し編みのレッスンはとりわけ人気があります。生徒さんは皆いつも目を輝かせ、それぞれ個性的な作品を編んで、驚かせてくれます。けれど、ドイツ式引き返し編みが詳しく紹介された本が、国内外のどこにも見当たりませんでした。「それなら、世界で初のドイツ式引き返し編みの本を作りたい！」と思ったのです。

　ドイツ式引き返し編みは、「ダブルステッチ」と「ダブルステッチの段消し」の2つの編み方さえ覚えてしまえばマスターでき、本書の作品はほぼすべて編めるようになります。イラストと写真で丁寧に解説しているので、初心者の方も、上級者の方も楽しんでいただけるでしょう。また、本書で紹介している作品には、どれも決められたサイズがありません。ご自分の編みたい大きさになるまで、またはお気に入りの毛糸を使い終わるまで、など好みのサイズになるまで編んでください。

　この魔法のような編み方を覚えて、美しい模様を楽しんでください。ドイツ式引き返し編みを覚えると、もっともっと編み物が楽しくなることでしょう。

No.37
編み方→P.78

No.1

Tumbling Triangles

タンブリング・トライアングル

ひとつひとつの三角形が小さくて簡単に編めるので、
ドイツ式引き返し編みの最初の練習におすすめです。
マフラーとしても、
編み始めと終わりをつないでスヌードにしても。
目数を変えて、好みの幅にアレンジしてください。
編み方→P.49

No.2

Tumbling Triangles

タンブリング・トライアングル
編み方→P.49

No.3

No.4

Spiral

スパイラル

引き返し編みの練習にちょうど良いので、初めての方は是非！
「ダブルステッチ」がマスターできます。
糸の太さや色、素材によって仕上がりが異なるので、
いろいろな糸で楽しんでみてください。

編み方→P.54

No.6

Spiral

スパイラル
編み方→P.54

No.9

No.10

No.11

Yosegi

ガーター編みの寄せ木

V字の形を連ねた寄せ木のフローリングを
ヒントにデザインしました。
厳密にはドイツ式引き返し編みではありませんが、
段の最後まで編まずに途中で
引き返しているので、
引き返し編みの作品としました。

編み方→P.56

No.12

No.13

No.14

作品No.13は裏側、No.14は表側です。

Yosegi

ガーター編みの寄せ木
編み方→P.56

No.15

Yosegi

かのこ編みの寄せ木

私は自分用にかのこ編みにし、幅も太くして、大きめに編みました。
編み始めと編み終わりをとじて、スヌードにしました。

編み方→P.60

Leaf Snood

葉っぱのスヌード

2種類の三角形を引き返し編みで編み、
輪編み部分で組み合わせました。
2種類の糸で編んでください。
ちょっと首が寒いときに、セーターやブラウスに合わせてみてください。
ゴム編みなので、コートの上からもつけられます。
編み方→P.65

No.16

No.17

Mini Winglet
ミニウィングレット
半円になるまで編みましたが、
好みの長さまで編んでみてください。
段染めの糸でも単色の糸でも素敵に仕上がります。
編み方→P.68

No.18

No.19

Brim Hat

ブリム付き帽子

トップは2種類の糸を使って、両面イギリスゴム編みにしています。
ブリムはドイツ式引き返し編みで芯を入れる袋を編んで、
本体部分にはぎ合わせました。
ブリムの芯は、クリアフォルダーを切って作りました。

編み方→P.84

No.21

No.20

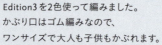

キャップ

キャップのトップは、なわ編みとメリヤス編みで
ソックスのかかとを編むときと同じ要領です。
ショッペルの段染めの糸
Edition3 を2色使って編みました。
かぶり口はゴム編みなので、
ワンサイズで大人も子供もかぶれます。

編み方→P.64

No.22

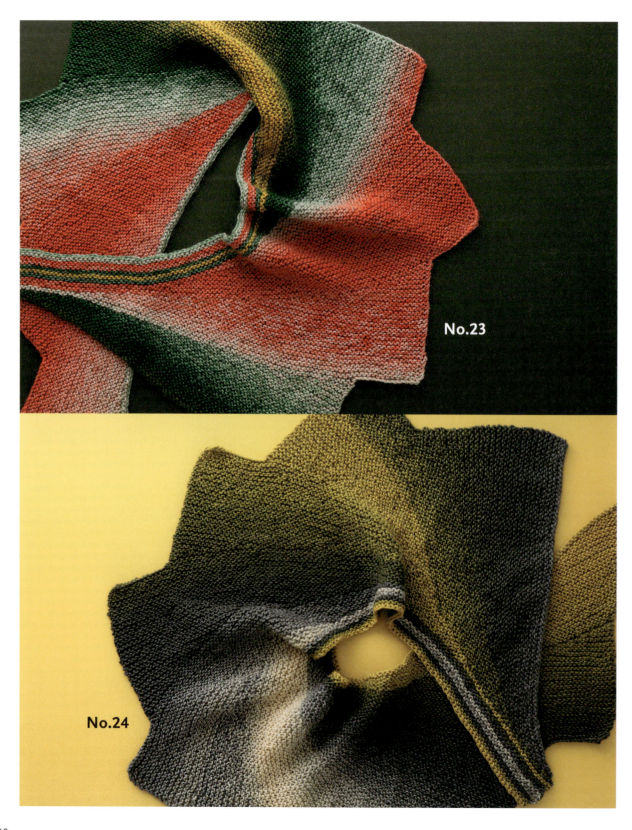

No.23

No.24

Winglet

ウィングレット

私の父は1980年代、パイロットでした。
飛行機の翼の先に付いていた小さな羽の形に似ていたので、
「ウィングレット」と名付けました。
毛糸を切らずに仕上げます。

編み方→P.72

No.25

Winglet

ウィングレット
編み方→P.72

No.28

Winglet Lace

ウィングレットレース
構造はウィングレットと同じですが、
レース編みを取り入れました。
編み方→P.73

No.30

Winglet Lace

ウィングレットレース
編み方→P.73

No.31

No.32

Karesansui

枯山水

これは是非、段染めの毛糸で編んでください。
予想もしなかったような美しい模様になるでしょう。
同じことの繰り返しなので、編み図を見なくても大丈夫です。
大きな作品なので時間はかかりますが、一生ものになります。

編み方→P.76

No.33

No.34

Karesansui

枯山水
編み方→P.76

No.35

Power of Ten

パワー・オブ・テン

その名の通り、
数字の「10」の力によって生まれた形です。
作り目は10目。ひとつの三角形を編み終えたら、
10目増やして次の三角形を編む、
といったように「10」の数字を頼りにしました。
好みの長さになるまで、または毛糸を編み終わるまで、など
ご自分の好きなサイズにしてください。

編み方→P.78

No.36

Old Shale Skirt

オールドシェイルのスカート

オールドシェイルの模様が引き立つように、フレアが多すぎないAラインにしました。
毛糸の模様、太さ、重さなどを考えると、
ショッペルの段染めの毛糸を使うことをおすすめします。
子供用サイズは細めの糸を使うとよいでしょう。

編み方→P.80

No.38

No.39

編み針について

この本では、「ドイツ式引き返し編み」で編む、
マフラー、スヌード、ストール、ショール、帽子、スカートを紹介しています。
往復編みの場合は、2本棒針や輪針を使って編みます。
目数が多く寸法が長くなった場合は、コードの長い輪針があると便利ですが、
手持ちの輪針や棒針を組み合わせてもいいでしょう。
帽子を編む場合は、最初は4本か5本の棒針で編み、
目数が増えてきたら、好みで輪針に変えてもいいでしょう。

A 棒針：目数の少ない場合は、2本棒針、玉付き2本棒針を使います。
　　　帽子を輪に編む場合は、棒針が4本または5本あれば輪に編めます。

B 棒針キャップ：せっかく編んだ編み目が棒針から抜けないように、針先につけておくと安心です。

C 輪針：帽子を輪に編む場合や、編み目の目数が多いときは、輪針が編みやすいです。
　　　帽子は40cmか60cmのものが使いやすいでしょう。
　　　ストールやショールは目数に合わせて80cm、100cm、120cmのものから選びましょう。

D とじ針：編み地をとじ合わせるときや、糸始末などに使います。

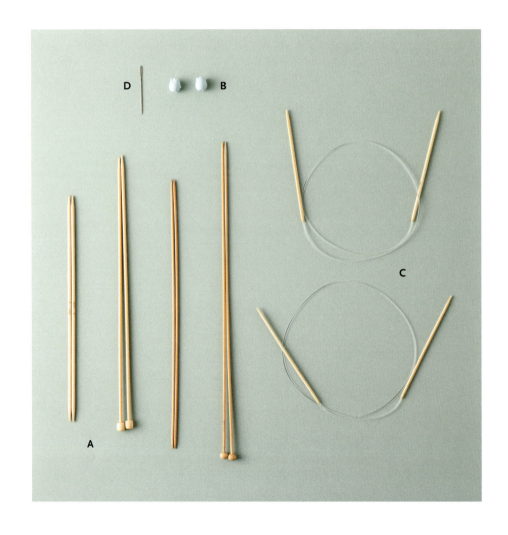

この本で使った糸（実物大） ＊糸の入手先はP.96参照

SCHOPPEL ZAUBER BALL 100（ショッペル・ザウバーボール100）
ウール100％　100g＝400m

SCHOPPEL ZAUBER FLOWER（ショッペル・ザウバーフラワー）
ウール100％　150g＝600m

SCHOPPEL CRAZY ZAUBERBALL（ショッペル・クレイジーザウバーボール
ザウバーボール）　ウール75％　ナイロ＝25％　100g＝420m

SCHOPPEL WUNDER KLECKSE（ショッペル・ヴンダークレックス）
ウール75％　ナイロン25％　100g＝420m

SCHOPPEL XL KLECKSE（ショッペル・XLクレックス）
ウール100％　100g＝400m

SCHOPPEL ZAUBERBALL STARKE6（ショッペル・ザウバーボール シュテルケ6）
ウール75％　ナイロン25％　150g＝400m

SCHOPPEL GRADIENT（ショッペル・グラディエント）
ウール100％　100g＝260m

SCHOPPEL ZAUBER WOLLE（ショッペル・ザウバーウール）
ウール100％　100g＝250g

SCHOPPEL EDITION3（ショッペル・エディション3）
ウール100％　50g＝150m

SCHOPPEL HANF WERK（ショッペル・ハンフヴェルク）
ウール90％　ヘンプ10％　50g＝150m

SCHOPPEL LIFE STYLE（ショッペル・ライフスタイル）
ウール100％　50g＝155m

SCHOPPEL REGGAE（ショッペル・レゲエオンブレ　レゲエメランジェ）
ウール100％　50g＝100m

SCHOPPEL KING SIZE（ショッペル・キングサイズ）
ウール60％　アクリル40％　100g＝160m

オリムパス　メイクメイクトマト
ウール90％　モヘヤ10％　25g＝65m

ハマナカリッチモア　バカラエポック
アルパカ33％　ウール33％　モヘヤ24％　ナイロン10％　40g＝80m

野呂ヤーン　くれよん
ウール100％　50g＝100m

ヤナギヤーン　リリナ
モヘヤ65％　ナイロン35％　50g＝95m

DARUMA　LOOP（ループ）
ウール83％　アルパカ17％　30g＝43m

47

ドイツ式引き返し編み：ダブルステッチとダブルステッチの段消し

ドイツ式引き返し編みは、ダブルステッチとダブルステッチの段消しを覚えればマスターできます。
ダブルステッチにする目が、操作する段で裏目か表目かによって、ダブルステッチは少しだけ手順が変わるので、以下を参照に編んで下さい。
↳ダブルステッチとダブルステッチの段消しの記号(　　　　　)は、この本独自のものです。

裏目をダブルステッチにする場合

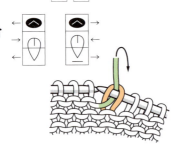
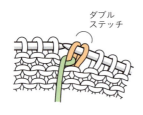

1 ダブルステッチにする目まで編んだら、編み地を裏返し、糸を手前にしてダブルステッチにする目を編まずに右針に移します

2 糸を上に引っ張りながら向こう側にまわします。下の目の2本の糸を引き上げて棒針に巻きつけます

3 糸をしっかり引きます。操作する段が裏目のダブルステッチが編めました。針に糸が2本巻きつくので、この目をダブルステッチと呼びます。次の目からは記号図通りに編み進みます

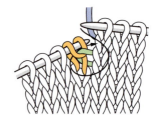
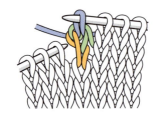

4 段消しの段では、ダブルステッチの2本の糸に、矢印のように針を入れます

5 2目一度の要領で表目を編みます

表目をダブルステッチにする場合

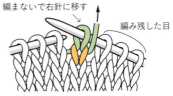
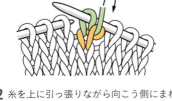

1 ダブルステッチにする目まで編んだら、編み地を裏返し、糸が手前にくるようにしてダブルステッチにする目を編まずに右針に移します

2 糸を上に引っ張りながら向こう側にまわします。下の目の糸をねじりながら引っ張り上げて、2本の糸を棒針に巻きつけます

3 糸をしっかり引きます(裏目の時よりも糸がねじれている分、糸が引きにくいのでしっかり引きましょう)。操作する段が表目のダブルステッチが編めました。針に糸が2本巻きつくので、この目をダブルステッチと呼びます。次の目からは記号図通りに編み進みます

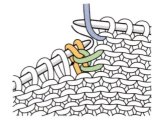
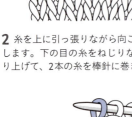

4 段消しの段では、ダブルステッチの2本の糸に矢印のように針を入れます

5 2目一度の要領で裏目を編みます

Tumbling Triangles タンブリング・トライアングル マフラー＆スヌード
No.1, No.2, No.3, No.4, No.5 → P.1, 8-9, 10-11

2段ごとに1目ずつ引き返しながら、ガーター編みの三角形を編み重ねていく、
引き返し編みならではの模様です。
P.52、P.53で詳しく写真でも解説していますので、参照しながら編んでみましょう。

糸 … No.1 ショッペル・レゲエオンブレ　イエロー、ブルー、ピンク系の段染め(2357)　195g
　　　No.2 ショッペル・レゲエオンブレ　紫、紺系の段染め(1699)　195g
　　　No.3 野呂ヤーン・くれよん　イエロー、グリーン、ピンク系の段染め(415)　225g
　　　No.4 ヤナギヤーン・リリナ　グリーン、ブルー系段染め(15)　150g
　　　No.5 ヤナギヤーン・リリナ　えんじ、グレー系段染め(1)　150g
針 … No.1 11号2本棒針
　　　No.2 11号2本棒針
　　　No.3 10号2本棒針
　　　No.4 7号2本棒針
　　　No.5 7号2本棒針
用具…とじ針
　　　No.3 作り目用の別糸　8/0号かぎ針
ゲージ … タンブリング・トライアングル
　　　No.1 15.5目、34段が10cm角
　　　No.2 15.5目、34段が10cm角
　　　No.3 15目、29段が10cm角
　　　No.4 17.5目、34段が10cm角
　　　No.5 17.5目、34段が10cm角
でき上がり寸法 … No.1 幅19cm　長さ153cm(9模様)
　　　　　　　　No.2 幅19cm　長さ153cm(9模様)
　　　　　　　　No.3 幅20cm　周囲156cm(8模様)
　　　　　　　　No.4 幅17cm　長さ119cm(6.5模様)
　　　　　　　　No.5 幅17cm　長さ119cm(6.5模様)

● 編み方

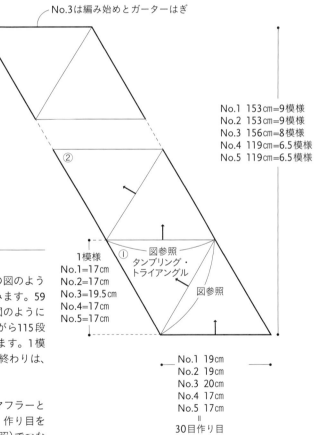

マフラーの編み方(No.1、No.2、No.4、No.5)
伸縮性のある作り目(P.86参照)で30目作り目をします。P.50の図のように ドイツ式引き返し編み(P.48参照)をしながら58段めまで編みます。59 段めでダブルステッチの段消しを編みます。続けて、P.51の図のように 右側に2段ごとに1目編み残し、ドイツ式引き返し編みをしながら115段 めまで編みます。116段めでダブルステッチの段消しを編みます。1模 様=114段を繰り返しながら、必要な寸法まで編みます。編み終わりは、 アイスランディック止め(P.90参照)をします。

スヌードの編み方(No.3)
あとからほどける目の作り方(P.88参照)で30目作り目をし、マフラーと 同様にドイツ式引き返し編みで、図のように8模様編みます。作り目を ほどいて棒針に移し、編み終わりの目とガーターはぎ(P.88参照)でつな ぎ合わせます。

♣ スヌードは、編み始めと編み終わりをつなぎ合わせるので、1模様単 位になるように編みましょう。

タンブリング・トライアングル記号図

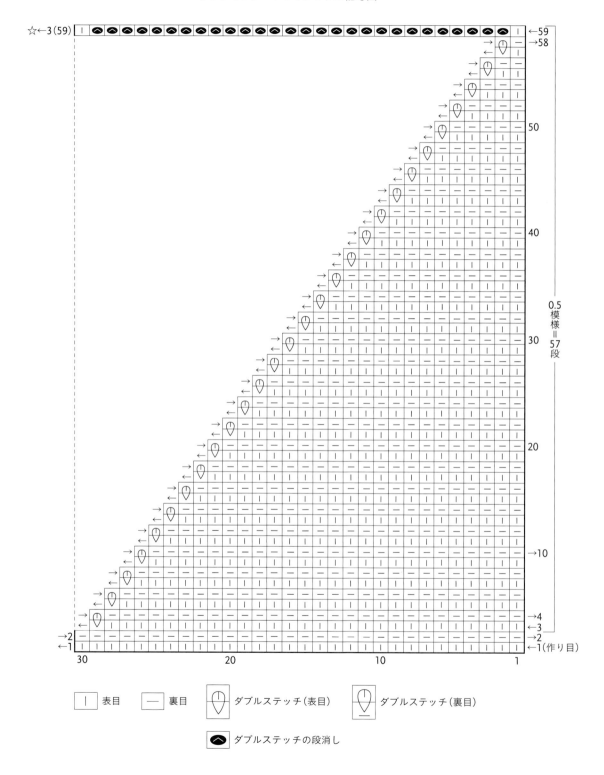

50

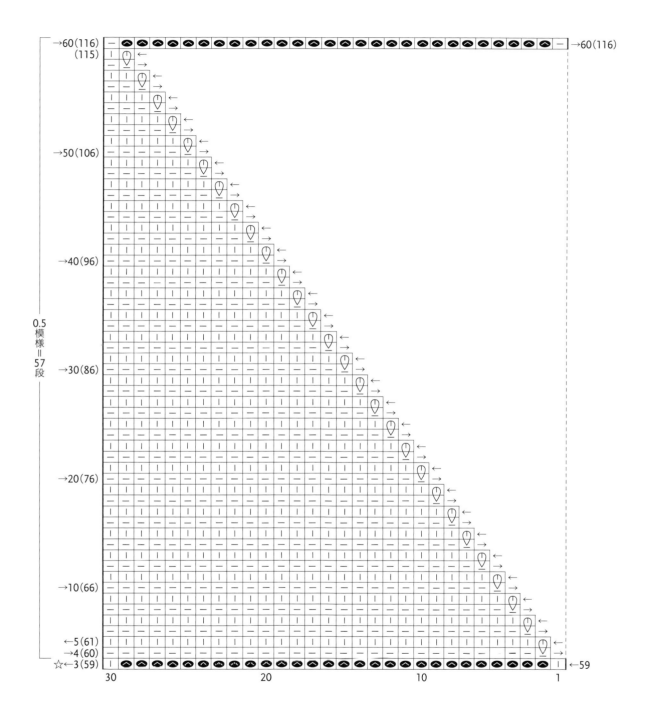

タンブリング・トライアングルの編み方

P.49-51の製図と記号図を参考に、ドイツ式引き返し編みをしながら
ガーター編みでタンブリング・トライアングルを編みましょう。
往復編みのガーター編みは、いつも表目を編む編み方なので、
ダブルステッチは「裏目をダブルステッチにする場合」(P.48)を参照して編みます。

1 伸縮性のある作り目(P.86参照)で30目作り目をします(1段め)。編み地を裏返して2段めを表目で編みます。

2 3段めを表目で29目編みます(1目編み残します)。

3 編み地を裏返します。

4 糸を手前にし、左針の端の目を編まずに右針に移します。

5 糸を上に引っ張りながら、向こう側にまわして下に引きます。

6 下の目の2本の糸が引き上がり、棒針に巻きつきます。これがダブルステッチ(裏目をダブルステッチにする場合)です。

7 次の目を表目で編みます。

8 続けて端まで表目を編みます。4段めが編み終わりました。

9 5段めは、前段のダブルステッチの手前まで表目を編みます。

10 3~6と同じ要領でダブルステッチを編みます。続けて端まで表目を編みます。

11 3~9と同じ要領でダブルステッチを、さらに26目編みます。

12 段消しの段を編みます。端1目表目を編みます。
＊わかりやすいように糸の色を変えています。

13 ダブルステッチの2本の糸に、手前から向こう側に針を入れて糸をかけ、表目を編みます。これがダブルステッチの段消しです。

14 ダブルステッチの段消しで端まで表目を編みます。
＊これで0.5模様編みました。

15 次の段を表目で29目編みます。
＊わかりやすいように糸の色を変えています。

16 3~9と同じ要領でダブルステッチを編みます。
＊段消しの目の2本の糸が引き上がり棒針に巻きつきます

17 3~9と同じ要領でダブルステッチを、さらに27目編みます。ダブルステッチの段消しで端まで表目を編みます。＊わかりやすいように糸の色を変えています。これで1模様編みました。

これを繰り返して必要模様を編みます。

Spiral

スパイラル　マフラー
No.6, No.7, No.8, No.9, No.10 → P.12-13, 14-15

ドイツ式引き返し編みの練習に最適な、ガーター編みのスパイラルのマフラー。
ガーター編みなので操作のしやすい裏目のダブルステッチで編めます。

糸 … No.6 ショッペル・クレイジーザウバーボール　ピンク、ブルー、イエロー系段染め(2389) 100g
　　　No.7 ハマナカリッチモア・バカラエポック　ピンク系段染め(253) 210g
　　　No.8 ショッペル・ザウバーウール　ピンク、グリーン系段染め(2357) 100g
　　　No.9 ショッペル・グラディエント　カーキー、イエロー系段染め(2306) 200g
　　　No.10 DARUMA・LOOP(ループ) きなり(1) 160g

針 … No.6 3号2本棒針
　　　No.7 8号2本棒針
　　　No.8 5号2本棒針
　　　No.9 8号2本棒針
　　　No.10 13号2本棒針

用具 … とじ針
ゲージ … スパイラル
　　　　No.6 23目、30.5段が10cm角
　　　　No.7 17.5目、22段が10cm角
　　　　No.8 21.5目、26段が10cm角
　　　　No.9 20目、17.5段が10cm角
　　　　No.10 10目、11.5段が10cm角

でき上がり寸法…(長さは中央の寸法)
　　　No.6 幅13cm 長さ120cm
　　　No.7 幅17cm 長さ125cm
　　　No.8 幅14cm 長さ80cm
　　　No.9 幅15cm 長さ130cm
　　　No.10 幅30cm 長さ90cm

● 編み方
伸縮性のある作り目(P.86参照)で30目作り目をします。図のようにガーター編みで2段編み、3段目で左側に18目編み残し、ドイツ式引き返し編み(P.48参照)で、2段ごとに4目の引き返し編みを3回繰り返しながら6段編みます。9段目でダブルステッチの段消しを編みます。続けて、右側に18目編み残し、2段ごとに4目の引き返し編みを3回繰り返しながら6段編みます。10段目(16段目)でダブルステッチの段消しを編みます(1模様)。これを繰り返しながら、必要な寸法まで編みます。編み終わりは、アイスランディック止め、または伏せ止め(P.90参照)をします。

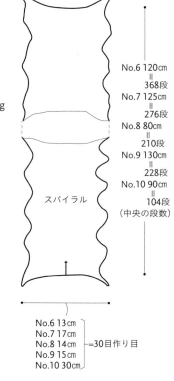

スパイラル記号図

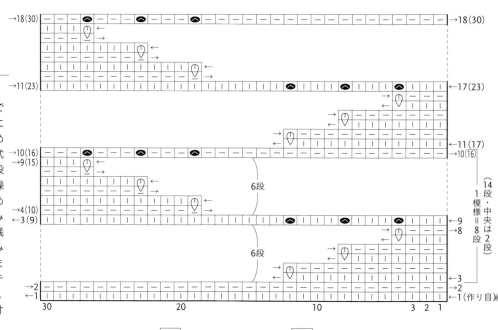

スパイラルの編み方

製図と記号図を参考に、ドイツ式の引き返し編みをしながらガーター編みのスパイラルで編みましょう。

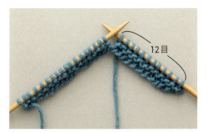

1 伸縮性のある作り目（P.86参照）で30目作り目をし、2段めを表目で編み、3段めを表目で12目編みます。

2 編み地を裏返して糸を手前にし、左針の端の目を編まずに右針に移します。糸を上に引っ張りながら、向こう側にまわして下に引きます。

3 下の目の2本の糸が引き上がり棒針に巻きつきます。これがダブルステッチ（裏目をダブルステッチにする場合）です。

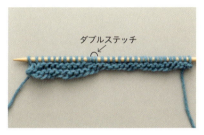

4 続けて端まで表目を編みます。

5 次の段は、ダブルステッチの3目手前まで表目を編みます。

6 2、3と同じ要領でダブルステッチを編みます。

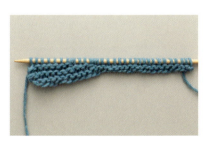

7 続けて端まで表目を編みます。

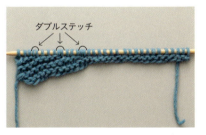

8 5～7と同じ要領で編みます。2段ごとに4目の引き返し編みが3回（6段）編めました。

9 9段めは端3目表目を編み、ダブルステッチの2本の糸に、手前から向こう側に針を入れて糸をかけて表目を編みます。これがダブルステッチの段消しです。
＊わかりやすいように糸の色を変えています。

10 ダブルステッチの段消しを編みながら、端まで表目を編みます。段消しの段が編めました。
＊これで0.5模様編めました。

11 次の段を表目で12目編みます。2～8と同じ要領でダブルステッチを編み、2段ごとに4目の引き返し編みを3回編みます。

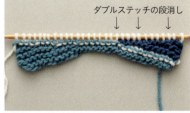

12 ダブルステッチの段消しを編みながら、端まで表目を編みます。
＊わかりやすいように糸の色を変えています。
これで1模様編めました。これを繰り返して必要模様を編みます。

Yoseyi

ガーター編みの寄せ木　マフラー No.11, No.12, No.13, No.14 → P.16-17, 18-19

ドイツ式引き返し編みとは違いますが、2目一度をすべり目にすることで、
前に編んだ模様と今編んでいる模様をつなぐ編み方です。
2目一度のすべり目の表目が中央でジグザグと寄せ木細工のような模様になります。

糸…No.11 ハマナカリッチモア・バカラエポック　えんじ、茶系の段染め(262) 240g
　　No.12 ハマナカリッチモア・バカラエポック　グレー系の段染め(214) 240g
　　No.13 ショッペル・エディション3　オレンジ、ブルー系の段染め(2333) 140g
　　No.14 ショッペル・レゲエオンブレ　紫、ピンク、グリーン系の段染め(2336) 250g

針…No.11 12号2本棒針
　　No.12 12号2本棒針
　　No.13 5号2本棒針
　　No.14 11号2本棒針

用具…とじ針

ゲージ…ガーター編みの寄せ木
　　　　No.11 14目=10cm、20段=7cm
　　　　No.12 14目=10cm、20段=7cm
　　　　No.13 22目=10cm、20段=4.5cm
　　　　No.14 18目=10cm、20段=5.5cm

でき上がり寸法…No.11 幅28cm 長さ170cm(33模様)
　　　　　　　　No.12 幅28cm 長さ170cm(33模様)
　　　　　　　　No.13 幅20cm 長さ150cm(44模様)
　　　　　　　　No.14 幅23cm 長さ160cm(39模様)

● 編み方

伸縮性のある作り目(P.86参照)で30目作り目をします。ガーター編みで20段編みます。続けて、目と目の間から糸を引き出す作り目(P.87参照)で30目増します。図のように中央で、右上2目一度のすべり目の要領で前の模様の目を2段ごとに1目ずつ減らしながら引き返し、ガーター編みで20段編みます。前の模様の残りの20目を編み、目と目の間から糸を引き出す作り目で10目増します。中央で、左上2目一度のすべり目の要領で前の模様の目を2段ごとに1目ずつ減らしながら引き返し、ガーター編みで20段編みます。これを繰り返しながら、必要な寸法まで編みます。図のように編み終わりの模様を編み、伏せ止め(P.90参照)をします。

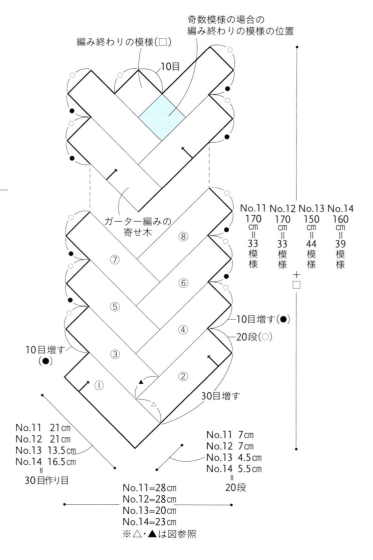

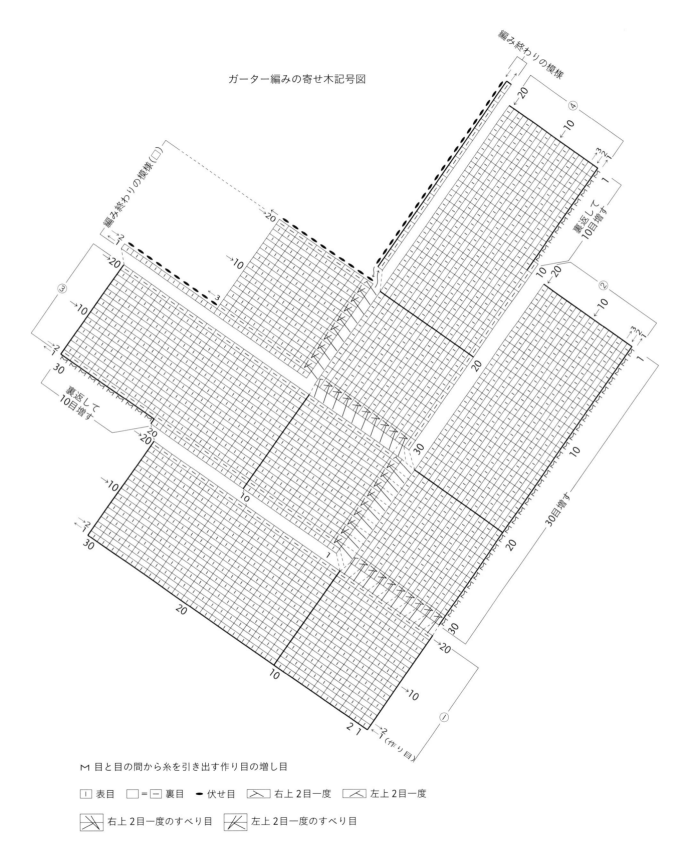

ガーター編みの寄せ木の編み方

P.56-57の製図と記号図を参考に、中央で2目一度のすべり目の要領で減らし目をしながら引き返し、
左右交互に目と目の間から糸を引き出す作り目(P.87参照)をして増し目し、ガーター編みの寄せ木で編みましょう。

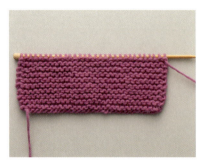

1 伸縮性のある作り目(P.86参照)で30目作り目をし、ガータ編みで20段編みます(①)。

2 目と目の間から糸を引き出す作り目(P.87参照)で、30目増します。
＊わかりやすいように糸の色を変えています。

3 次の段を表目で29編みます。

4 左針の30目めを編まずに右針に移します。

5 前の模様の右端の目を表目で編みます。

6 4の目を5の目にかぶせ、右上2目一度を編みます。前の模様の目が1目減りました。

7 編み地を裏返します。

8 左針の端の目を編まずに右針に移します。右上2目一度のすべり目が編めました。

9 続けて端まで表目を編みます。3〜8と同じ要領で19段めまでガーター編みで編みます。

10 20段めは、3〜6と同じ要領で中央の右上2目一度を編みます（②）。

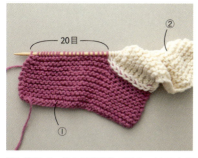

11 続けて、前の模様（①）の残りの20目を表目で編みます。
＊わかりやすいように糸の色を変えています。

12 編み地を裏返し、目と目の間から糸を引き出して10目増します。

13 次の段を表目で29編み、30目めと前の模様の右端の目に針を入れ、裏目で2目一度を編みます。

14 編み地を裏返し、左針の端の目を編まずに右針に移します。左上2目一度のすべり目が編めました。

15 端まで表目を編みます。13、14と同じ要領で19段めまでガーター編みで編みます。

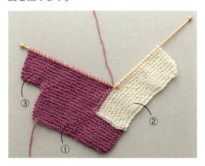

16 20段めは、13と同じ要領で29目編んだら裏目で2目一度を編みます（③）。
前の模様（②）の目が10目減りました。

17 続けて、前の模様の残りの20目を表目で編みます。編み地を裏返し、目と目の間から糸を引き出して10目増します。3〜10と同じ要領で20段編みます（④）。11〜16を繰り返して必要模様を編みます。

59

Yoseyi
かのこ編みの寄せ木　スヌード No.15 → P.20-21

かのこ編みの寄せ木の2目一度の編み方もガーター編みの寄せ木と同様に編みます。
編み始めの作り目と編み終わりの目をはぎ合わせてスヌードにします。

糸…オリムパス・メイクメイクトマト　赤、グレー系の段染め(209)　215g
針…6号2本棒針
用具…とじ針
ゲージ…かのこ編みの寄せ木　20目=10cm、24段=6cm
でき上がり寸法…幅29cm　周囲170cm(32模様)

◉ 編み方

伸縮性のある作り目(P.86参照)で36目作り目をし、かのこ編みで、図のように24段編みます。目と目の間から糸を引き出す作り目(P.87参照)で36目増し、図のように中央で、右上2目一度のすべり目の要領で前の模様の目を2段ごとに1目ずつ減らしながら引き返し、かのこ編みで24段編みます。前の模様の残りの24目を編み、目と目の間から糸を引き出す作り目で12目増します。中央で、左上2目一度のすべり目の要領で前の模様の目を2段ごとに1目ずつ減らしながら引き返し、かのこ編みで24段編みます。左右交互に増し目を繰り返して32模様編み、編み始めの目を、編み終わりの目の合印をはぎ合わせます。

🧍スヌードは、編み始めと編み終わりの合印をはぎ合わせるので、偶数模様単位になるように編みましょう。

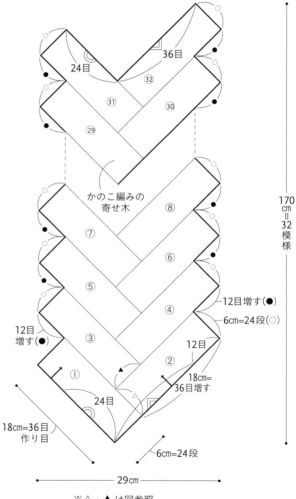

※ △・▲ は図参照
※ ○・△ の合印をはぎ合わせる

かのこ編みの寄せ木記号図

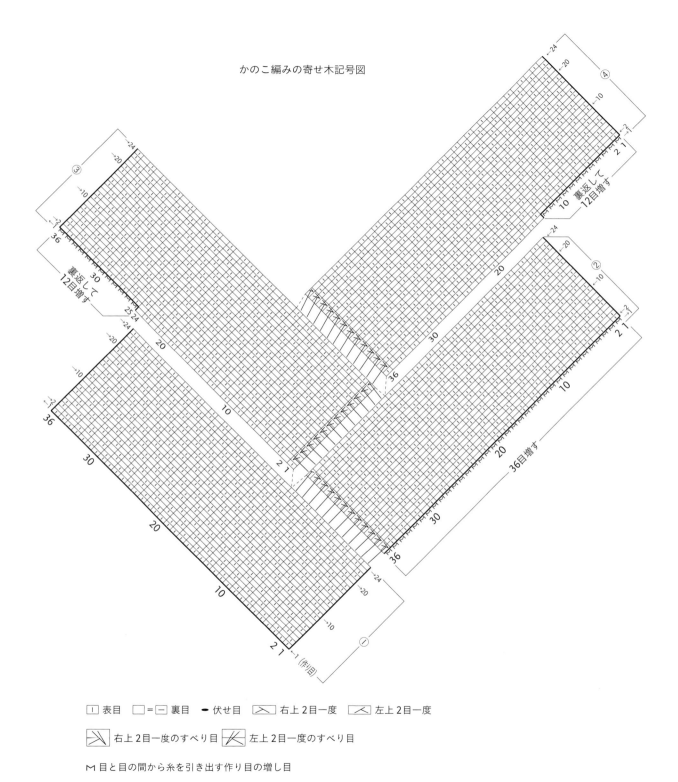

□ 表目　□=□ 裏目　● 伏せ目　△ 右上2目一度　△ 左上2目一度

△ 右上2目一度のすべり目　△ 左上2目一度のすべり目

M 目と目の間から糸を引き出す作り目の増し目

→P.64のつづき

ヒールハット模様記号図

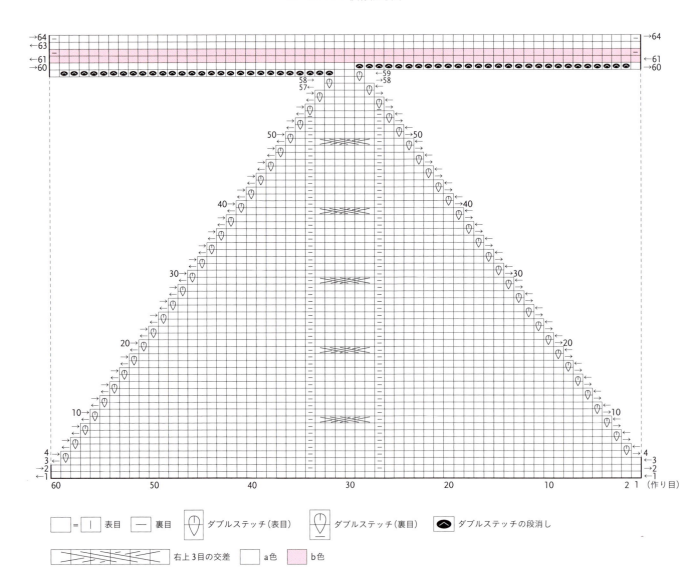

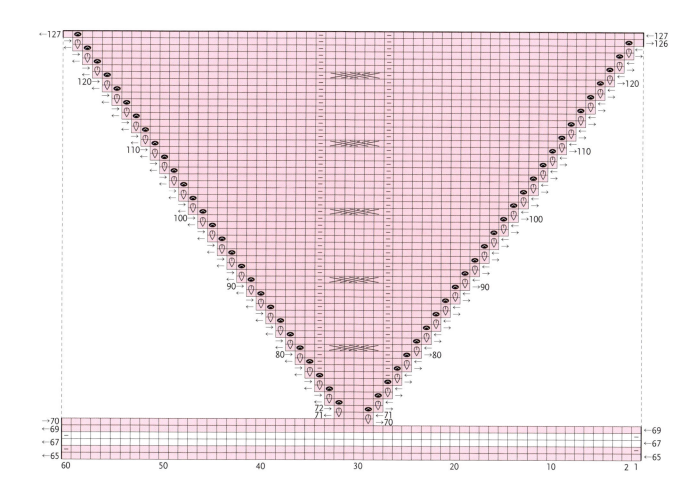

63

Zipfelmütze
キャップ No.22 → P.28-29

靴下のかかとを編むように、2段ごとに両側で1目ずつドイツ式引き返し編みで帽子のトップを編んだ、ユニークなデザインのヒールハット模様のキャップです。

糸 … ショッペル・エディション3　a色：ブルー系の段染め(2362) 50g
　　　　　　　　　　　　　　　b色：赤系の段染め(2361) 45g
針 … 5号4本棒針
用具 … なわ編み針　とじ針
　　　　作り目用の別糸　6/0号かぎ針
ゲージ … ヒールハット模様 25.5目、40段が10cm角
　　　　メリヤス編みのしま模様 25.5目、40段が10cm角
でき上がり寸法 … 頭周り 47cm　高さ 41cm (ポンポンを含まず)

● 編み方
あとからほどける目の作り方(P.88参照)で、a色で60目拾い目をし、途中でb色に変えながら、ドイツ式引き返し編み(P.48参照)のヒールハット模様で図のように編みます。編み終わりの目と別糸をほどいて棒針に移した作り目、中央の段からb色で128目裏目で拾い、図のように、メリヤス編みのしま模様で60段輪に編み、続けて、1目ゴム編みのしま模様で36段輪に編みます。編み終わりは、アイスランディック止め、または伏せ止め(P.90参照)をします。a色とb色で直径5cmのポンポンを作って、トップにつけます。

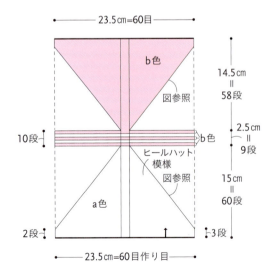
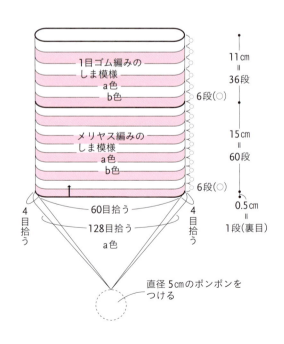

※記号図はP.62、P.63

Leaf Snood

葉っぱのスヌード No.16, No.17 → P.22-23

直角三角形と二等辺三角形を輪編みでつないだユニークな形は、
色を変えることでより引き立ちます。

糸 … No.16 a色：ショッペル・レゲエオンブレ　茶色、グリーン系の段染め (1660) 50g
　　　　 b色：ショッペル・レゲエメランジェ　黄色 (0581) 45g
　　　No.17 ショッペル・キングサイズ　a色：黒 (880) 60g　b色：ボルドー (3285) 80g
針 … No.16 13号4本棒針、または輪針
　　　No.17 15号4本棒針、または輪針
用具 … とじ針
ゲージ … リーフスヌード模様
　　　　No.16 27.5目、24段が10cm角
　　　　No.17 23.5目、19段が10cm角
でき上がり寸法 … No.16 周囲36cm、長さ42cm
　　　　　　　　No.17 周囲42cm、長さ53cm

◯ 編み方
伸縮性のある作り目 (P.86参照) でa色で100目作り目をします。図のようにゴム編みで4段編み、5段めで右側に3目編み進み、ドイツ式引き返し編み (P.48参照) で編みます。続けて2段ごとに4目編み進む引き返し編みを24回繰り返しながら54段めまでリーフスヌード模様で編みます。55段めから輪にしてゴム編みで編み続けます。No.17は、ここでb色に変え、No.16はさらに4段編んだらb色に変えます。輪編みで22段編んだら、引き返し編みで、図のように編み、ダブルステッチの段消しを編みます。編み終わりは、伏せ止め (P.90参照) をします。

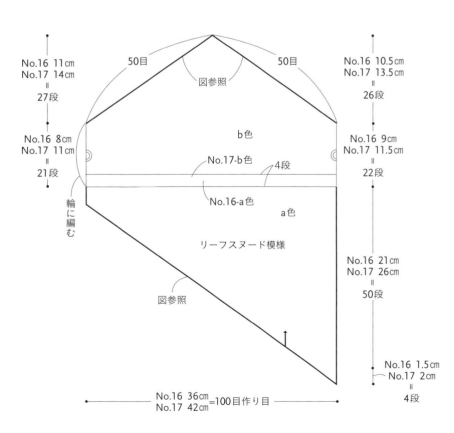

リーフスヌード模様記号図

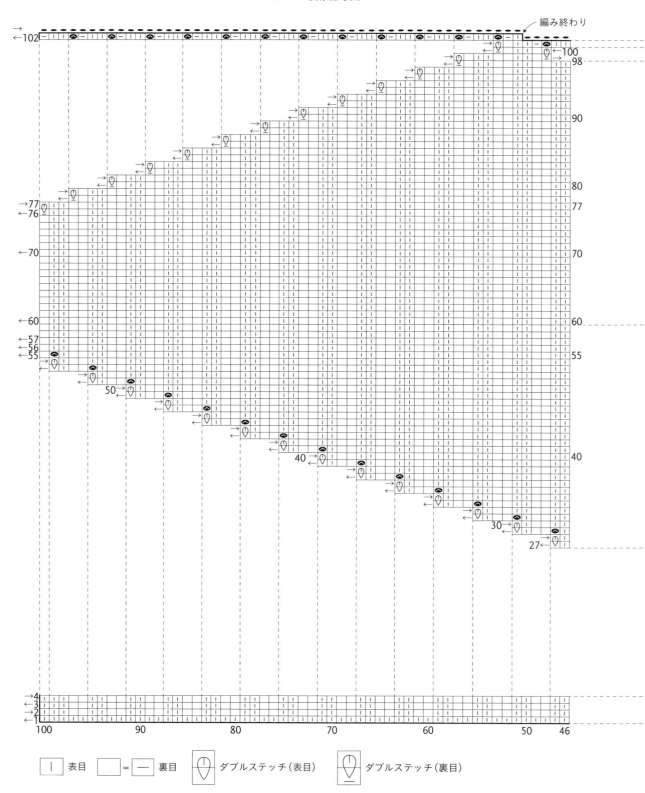

66

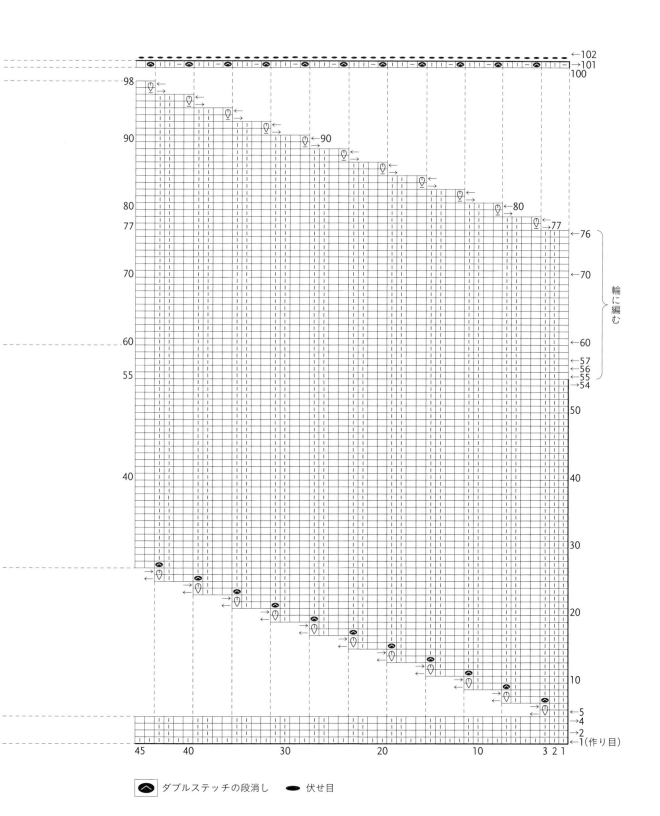

| ダブルステッチの段消し | ● 伏せ目 |

Mini Winglet ミニウィングレット ストール
No.18, No.19 → P.24-25

小さな羽のような
ミニウィングレットの模様を繰り返して編むストール。

糸 … No.18 ショッペル・ザウバーボール100　赤系の段染め(2305) 100g
　　　No.19 ショッペル・ザウバーウール　ブルー系の段染め(2307) 100g
針 … 5号2本棒針
用具 … とじ針
ゲージ … ミニウィングレット
　　　No.18　24目、40段が10cm角
　　　No.19　24目、38.5段が10cm角
でき上がり寸法 … No.18　幅20〜22cm、長さ174cm
　　　　　　　　No.19　幅20〜22cm、長さ127cm

● 編み方
伸縮性のある作り目(P.86参照)で48目作り目をします。図のようにドイツ式引き返し編み(P.48参照)でミニウィングレットの模様で編みます。模様を繰り返しながら、必要な寸法まで編みます。編み終わりは、アイスランディック止め、または伏せ止め(P.90参照)をします。

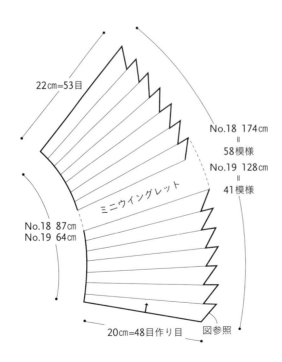

ミニウィングレット記号図

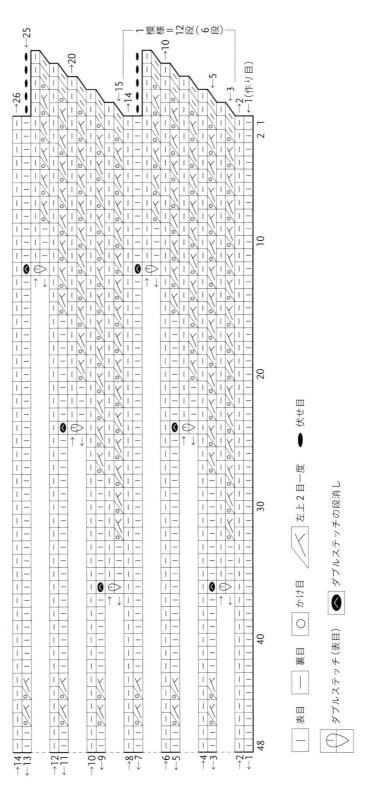

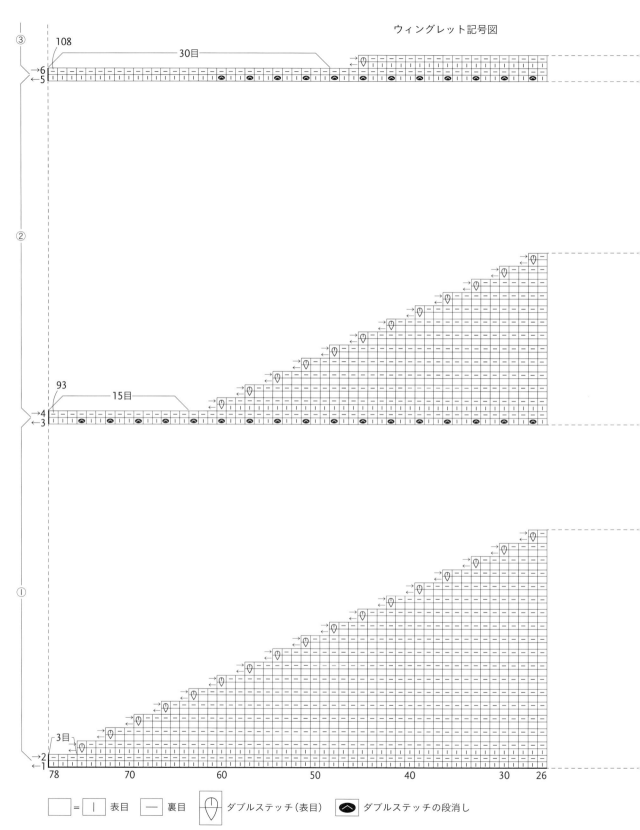

ウィングレット記号図

= 表目　— 裏目　ダブルステッチ（表目）　ダブルステッチの段消し

No.27は90目作り目して、同じ要領で編む。

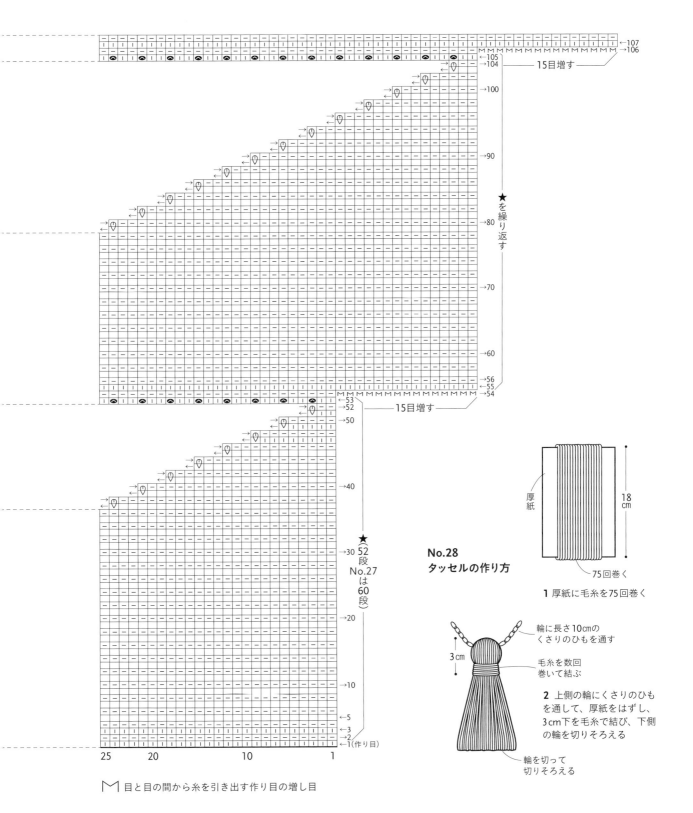

Winglet ウィングレット ショール
No.23, No.24, No.25, No.26, No.27, No.28 → P.30-31, 32-33

ウィングレットの模様を15目ずつずらしながら編み進めます。
模様の数が増えると、えりぐりのボーダーの幅も太くなります。

糸… No.23 ショッペル・グラディエント　赤、グリーン系段染め(1701) 200g
　　 No.24 ショッペル・グラディエント　イエロー、カーキ系段染め(2306) 200g
　　 No.25 ショッペル・XLクレックス　グレー系の段染め(2251) 200g
　　 No.26、No.27 ショッペル・クレイジーザウバーボール　オレンジ、グリーン系の段染め(1702)
　　　　　　　 No.26 95g　No.27 105g
　　 No.28 ショッペル・エディション3　オレンジ、ピンク、ブルー、グリーン系の段染め(2296) 135g

針… No.23 8号輪針
　　 No.24 8号輪針
　　 No.25 3号輪針
　　 No.26 3号輪針
　　 No.27 3号輪針
　　 No.28 5号輪針
　　 (どれも棒針でも代用できます)

用具… とじ針

ゲージ… ウィングレット
　　 No.23 17.5目、30.5段が10cm角
　　 No.24 17.5目、30.5段が10cm角
　　 No.25 26目、52段が10cm角
　　 No.26 26目、52段が10cm角
　　 No.27 23.5目、46段が10cm角
　　 No.28 21目、43段が10cm角

でき上がり寸法…
　　 No.23 幅42cm、長さ113cm (9模様)
　　 No.24 幅45cm、長さ113cm (9模様)
　　 No.25 幅30cm、長さ129cm (19模様)
　　 No.26 幅30cm、長さ85cm (11模様)
　　 No.27 幅38cm、長さ90cm (9模様)
　　 No.28 幅37cm、長さ93cm (9模様)

● 編み方 [指定以外は共通]
伸縮性のある作り目(P.86参照)で78目 (No.27は90目)作り目をします。図のようにドイツ式引き返し編み(P.48参照)のウィングレットの模様で編みます。1模様編んだら、目と目の間から糸を引き出す作り目(P.87参照)で15目増し目をして模様の位置をずらしながら編みます。この要領で繰り返しながら、必要な寸法まで模様を編みます。編み終わりは、3目のiコード止め(P.89参照)、またはアイスランディック止め、または伏せ止め(P.90参照)をします。

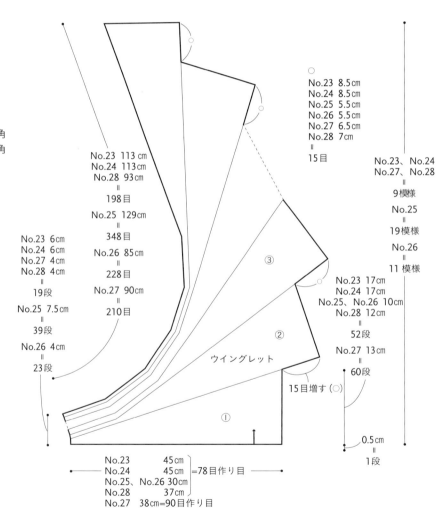

※記号図はP.70、P.71

Winglet Lace ウィングレットレース ショール
No.29, No.30, No.31, No.32 → P.34-35, 36-37

ウィングレットレースの模様はP.72のウィングレットと同じ要領で15目ずつずらしながら編みます。

糸 … ショッペル・ザウバーフラワー　No.29 ブルー系の段染め(2169) 95g
　　　　　　　　　　　　　　　　　No.30 グリーン、紫系の段染め(2170) 95g
　　　No.31 ショッペル・ザウバーボール100 赤系の段染め(2261) 95g
　　　No.32 ショッペル・ハンフヴェルク　えんじ(2371)、ブルー(2376)、黄色(2372) 各80g
針 … No.29 No.30 No.32 3号2本棒針、または輪針
　　　No.31 5号2本棒針、または輪針
用具 … とじ針
ゲージ … ウィングレットレース
　　　No.29、No.30 19.5目、44段が10cm角
　　　No.31、No.32 20.5目、34.5段が10cm角
でき上がり寸法 … No.29、No.30 幅40cm、長さ100cm (9模様)
　　　　　　　　No.31 幅38cm、長さ94cm (9模様)
　　　　　　　　No.32 幅38cm、長さ115cm (12模様)

◎ 編み方

伸縮性のある作り目(P.86参照)で78目作り目をします。図のようにドイツ式引き返し編み(P.48参照)のウィングレットレースの模様で編みます。1模様編んだら、目と目の間から糸を引き出す作り目(P.87参照)で15目増し目をして模様の位置をずらしながら編みます。この要領で繰り返しながら、必要な寸法まで模様を編みます。続けて6段ガーター編みを編み、編み終わりは、3目のiコード止め(P.89参照)、またはアイスランディック止め、または伏せ止め(P.90参照)をします。

No.32は、ブルー、黄色、えんじの順に1模様ずつ色を変えて編みます。編み終わりのガーター編みも2段ずつ色を変えて6段編みます。編み地の裏側を表にすると色の境目がきれいです。

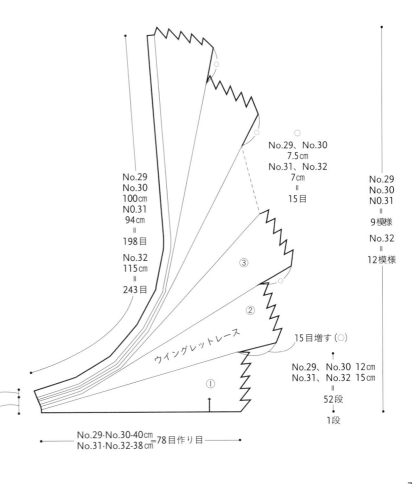

ウィングレットレース記号図

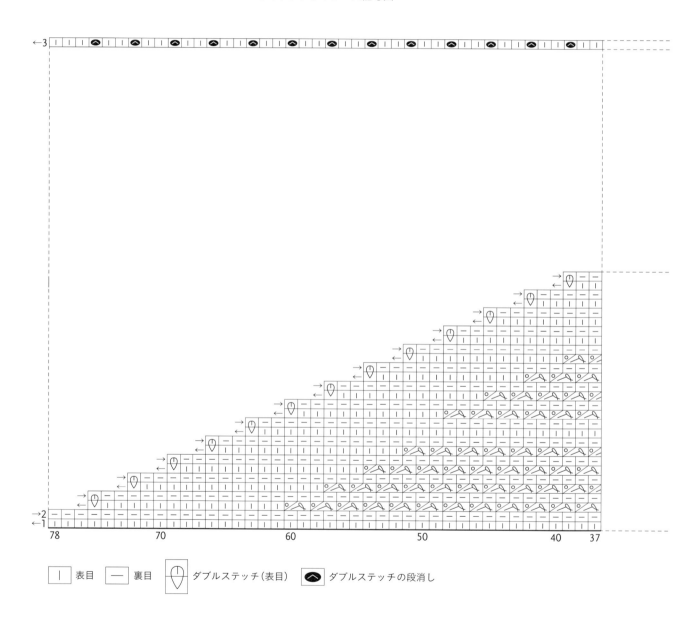

| │ 表目   — 裏目   ダブルステッチ（表目）   ダブルステッチの段消し |

※54段めはP.71と同じ要領で15目増す

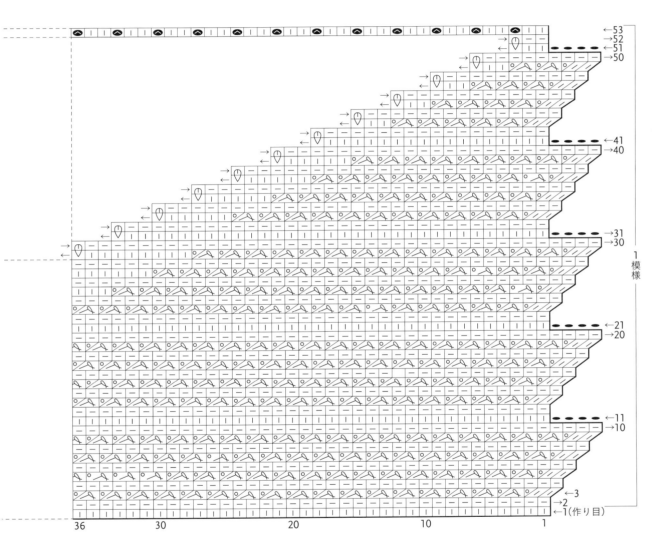

| ○ かけ目 | ねじり編み右上2目一度 | ● 伏せ目 |

枯山水 ショール No.33, No.34 → P.2-3,38-39,40-41

編み始めに1目増し目をし、2段ごと3目残す引き返し編みを繰り返し、
引き返せなくなったら段消しの段を編んで三角形の模様を編む。
これを繰り返し、次々と大きな三角形の模様を編み進んで、好きな大きさの三角形のショールにします。

糸 … No.33 ショッペル・ザウバーボール シュテルケ6 オレンジ、グリーン系の段染め(1505) 335g
　　 No.34 ショッペル・ザウバボール モノトーン系の段染め(1508) 400g
針 … No.33 5号2本棒針、輪針
　　 No.34 3号2本棒針、輪針
用具 … とじ針
ゲージ … 枯山水
　　　　 No.33 21目、44段が10cm角
　　　　 No.34 27目、56段が10cm角
でき上がり寸法 … No.33 幅175cm、長さ99cm (11模様)
　　　　　　　　 No.34 幅204cm、長さ117cm (12模様)

● 編み方
伸縮性のある作り目(P.86参照)で6目作り目をします。図のように、KFBの増し目(P.94参照)とドイツ式引き返し編み(P.48参照)で2段ごと3目引き返して、ガーター編みの枯山水(三角)模様を編みます。『編み始めでKFBの増し目で1目増やしながら、2段ごとに3目の引き返し編みを編む』を繰り返して、3目の引き返し編みができなくなるまで編み進み、次の段でダブルステッチの段消しを編み、三角模様にします。三角模様はだんだん大きくなります。必要な寸法まで三角模様を編みます。編み終わりは、3目のiコード止め(P.89参照)をします。

編み始め	6目		
	段消しの段の目数	段数	増えた目数
三角1	8目	3段	2目
三角2	11目	5段	3目
三角3	16目	9段	5目
三角4	23目	13段	7目
三角5	34目	21段	11目
三角6	50目	31段	16目
三角7	74目	47段	24目
三角8	110目	71段	36目
三角9	164目	107段	54目
三角10	245目	161段	81目
三角11	367目	243段	122目
三角12	550目	365段	183目

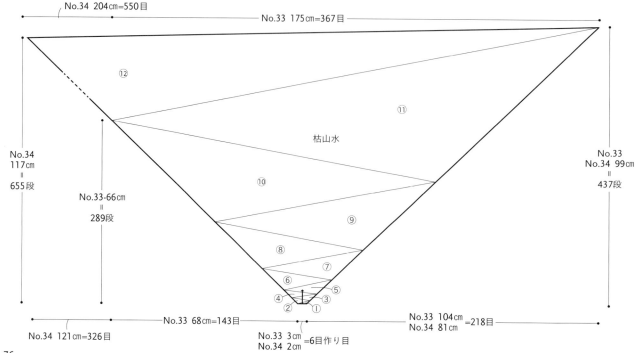

枯山水記号図

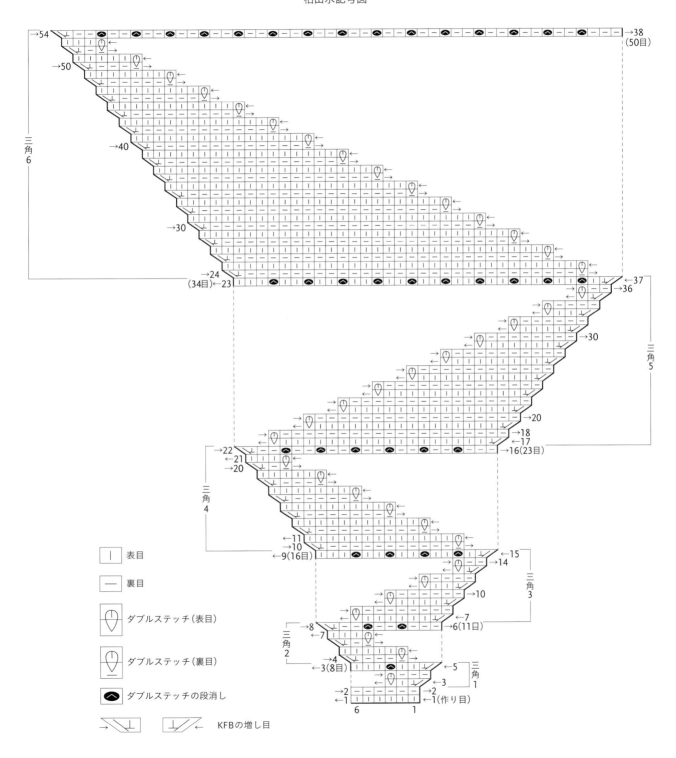

Power of Ten

パワー・オブ・テン ショール No.35, No.36, No.37 → P.7, 42-43

10目を基本に変化させていく、ドイツ式引き返し編みで三角形を編みます。
だんだんと細長くなる直角三角形を積み重ねた模様です。

糸 … No.35 ショッペル・ヴンダークレックス　白、グリーン、赤系の段染め(2140) 300g
　　　No.36 ショッペル・ザウバーボール　シュテルケ6　パープル、えんじ系の段染め(2311) 295g
　　　No.37 ショッペル・ザウバーボール　シュテルケ6　ブルー、グリーン系段染め(2136) 450g
針 … No.35　3号2本棒針、輪針
　　　No.36 No.37　5号2本棒針、輪針
用具 … とじ針
ゲージ … パワー・オブ・テン
　　　　No.35　25目=10cm、20段=4cm
　　　　No.36 No.37　28.5目=10cm、20段=3.5cm
でき上がり寸法 … No.35　幅47cm、長さ140cm (35模様)
　　　　　　　　　No.36　幅44cm、長さ105cm (30模様)
　　　　　　　　　No.37　幅56cm、長さ123cm (35模様)

● 編み方〔指定以外は共通〕

伸縮性のある作り目(P.86参照)で10目作り目をします。ガーター編みで図のようにドイツ式引き返し編み(P.48参照)で2段ごとに1目の引き返しを8回繰り返し、段消しの段を編んで三角形に編みます。次の段の編み終わりに目と目の間から糸を引き出す作り目(P.87参照)で10目増し目をして20目に増やします。2段ごとに2目の引き返しを9回繰り返し、段消しの段を編み、次の段の編み終わりで10目増し目をします。この要領で、模様が増えるごとに10目増やし、引き返しの目数を1目増やして編み進む、パワー・オブ・テンの模様で編みます。必要な寸法まで模様を編みます。編み終わりは、3目のiコード止め(P.89参照)、またはアイスランディック止め(P.90参照)をします。

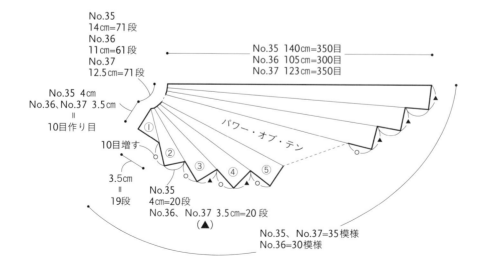

パワー・オブ・テン記号図

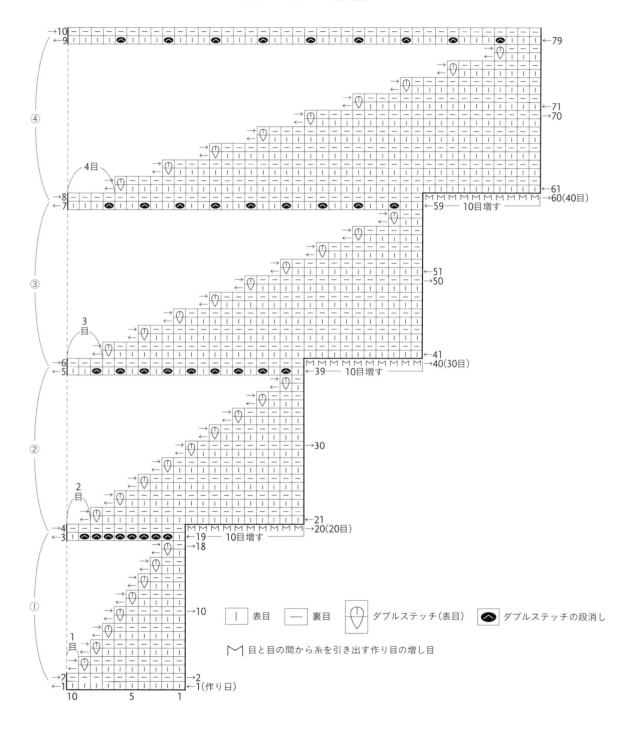

Old Shale Skirt

オールドシェイルのスカート No.38, No.39 → P.44-45

ドイツ式引き返し編みで台形に編んだオールドシェイルの模様を
必要寸法まで繰り返して作るAラインのスカート。

糸 … No.38 ショッペル・クレイジーザウバーボール　パープル、ピンク系の段染め(2254) 280g
　　　No.39 ショッペル・ザウバーボール　シュテルケ6　ブルー、イエロー系の段染め(2332) 440g
針 … No.38 2号2本棒針、または輪針
　　　No.39 5号、3号2本棒針、または輪針
用具 … とじ針
　　　作り目用別糸　3/0号かぎ針
付属品 … No.38 幅3cmのゴムベルト60cm　No.39 幅4cmのゴムベルト70cm
ゲージ … オールドシェイルスカート
　　　　No.38 35目、40段が10cm角
　　　　No.39 29目、33段が10cm角
でき上がり寸法 … No.38 ウエスト60cm、スカート丈44cm(16模様)
　　　　　　　　No.39 ウエスト70cm、スカート丈53cm(15模様)

◉ 編み方
あとからほどける作り目(P.88参照)で155目作り目をし、ドイツ式引き返し編み(P.48参照)のオールドシェイルスカートの模様で図のように編みます。作り目をほどいて、編み終わりの目とガーターはぎ(P.88参照)ではぎ合わせます。ウエストから輪に拾い目をし、ウエストベルトをメリヤス編みで編みます。輪につないだゴムベルトを入れて折り返し、編み終わりの目を、ウエスト内側にはぎ合わせます。

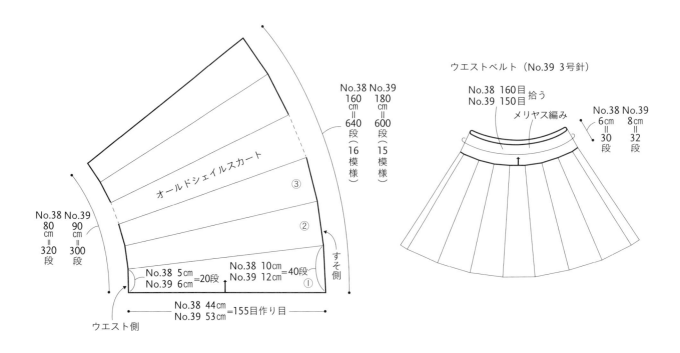

オールドシェイルスカート記号図

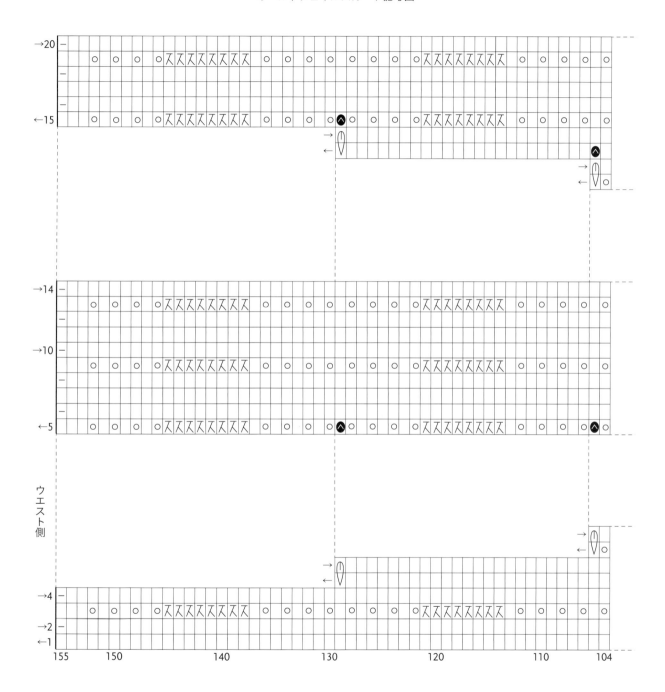

※次ページへ続く

オールドシェイルスカート記号図

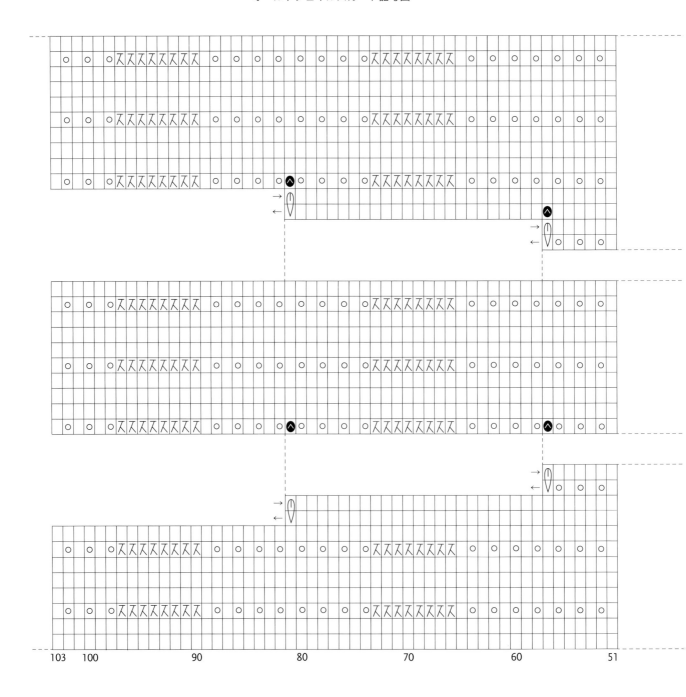

※104目〜155目はP.81

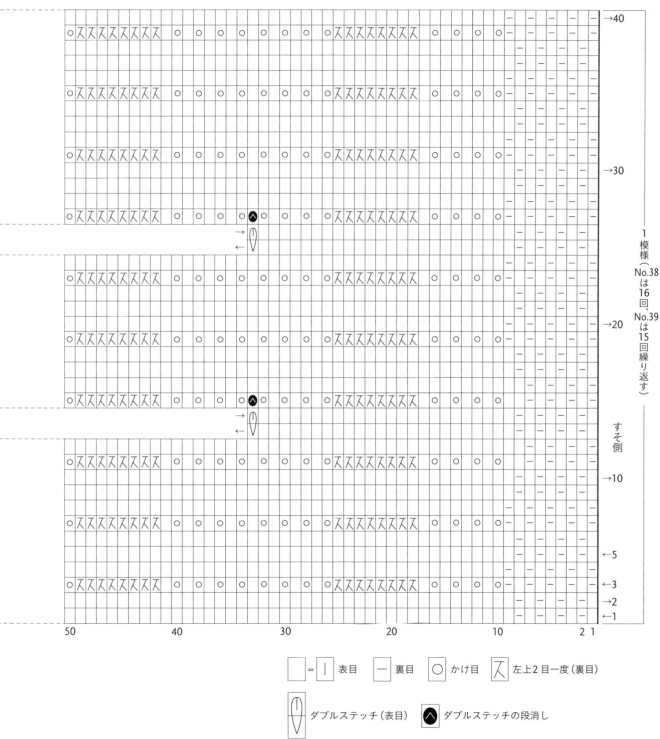

83

Brim Hat

ブリム付き帽子 No.20, No.21 → P.26-27

トップから編む両面イギリスゴム編みの帽子。
1目ゴム編みのブリムは、
ドイツ式引き返し編みで袋状に編みます。

糸 … ショッペル・ライフスタイル
　　No.20 a色：ブルー(4653) 50g
　　　　　b色：ブルー、グリーン、イエロー系の段染め(2205) 30g
　　No.21 a色：グレー(8911) 50g
　　　　　b色：ピンク、ブルー、グレー系の段染め(2321) 30g
針 … 5号4本棒針
用具 … とじ針　ブリム用芯(クリアフォルダーなど)
ゲージ … 両面イギリスゴム編み 25.5目、53段が10cm角
　　　　1目ゴム編み 24.5目、34段が10cm角
でき上がり寸法 … 頭周り56cm　高さ18cm

◉ 編み方
伸縮性のある作り目(P.86参照)で、a色で8目作り目をして輪にし、メリヤス編みで10段編みます。続けて、図のようにa色と、b色で両面イギリスゴム編みで編み、a色で1目ゴム編みを6段輪に編みます。続けて、69目をブリムの1目ゴム編みでP.85の図のようにドイツ式引き返し編み(P.48参照)で編みます(残りの目は休めておきます)。ブリム部分に芯を入れ、メリヤスはぎの要領ではぎ合わせます。残りの目はゴム編み止め(P.91参照)をします。

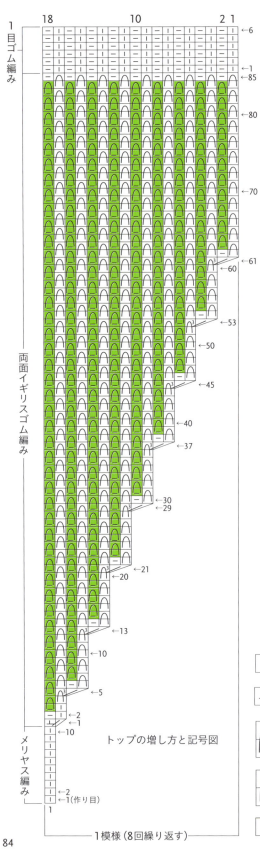

トップの増し方と記号図

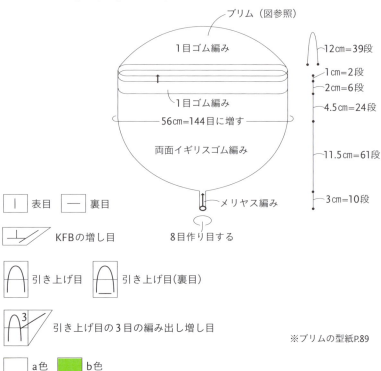

	表目	—	裏目
KFBの増し目			
引き上げ目	引き上げ目(裏目)		
引き上げ目の3目の編み出し増し目			
a色	b色		

※ブリムの型紙 P.89

ブリムの1目ゴム編みと引き返し編み記号図

表目 = | | 裏目 = | — | ダブルステッチ（表目）   ダブルステッチの段消し

基本のテクニック

伸縮性のある作り目

「一般的な作り目」と似ていますが、5、6の針をくぐらせるところが違います。
糸端側に作り目に必要な長さの糸をあらかじめ残しておいてから作り始めます。
必要な糸の長さの目安は、編みたい長さの4〜5倍です。短いと糸が足りなくなってやり直しになるので、
慣れるまでは、少し長めに用意しましょう。

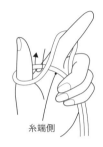

1
図のように糸を指にかけ、針を矢印のように入れます

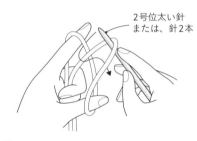

2
人指し指の糸をかけ、親指側にできている輪にくぐらせます

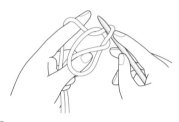

3
親指にかかっている糸をはずします

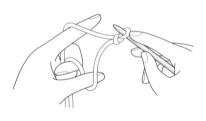

4
糸端側の糸を親指にかけて引きます。
1目めになります

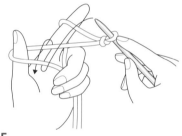

5
右の人指し指で目を押さえ、矢印のように親指にかかっている糸2本の下に針を入れ、親指の向こう側にかかっている糸を、親指の手前側にかかっている糸の下から引き出します

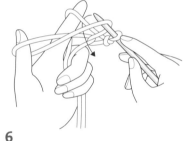

6
人指し指の糸をかけながら、輪にくぐらせます

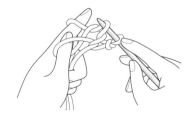

7
親指の糸をはずします

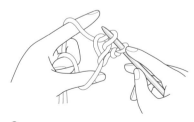

8
親指に糸をかけて引きます。5〜8を繰り返して必要目数作ります

9
でき上がり（10目作ったところ）
作り目は表目1段になります

目と目の間から糸を引き出す作り目

ドイツでは「aufstricken」と呼び、よく使われている方法です。
適度に伸縮性があり、縁にロープのような美しいなわ目模様ができます。
糸端をあらかじめ残しておく必要がないので、
糸の無駄がなく、いつでも、どんなケースでも、好きな目数が作れるのでとても便利です。
端の目から増し目する場合にも使います。

1
糸端を輪にし、その中から糸を引き出して左針に通して引きしめ、1目作ります

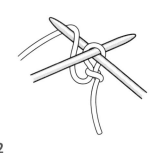

2
左針の目に右針を入れ、糸をかけます

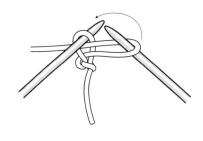

3
糸を少し長めに引き出し、引き出した目を左針に移します

4
左針に2目かかっているところ

5
1目めと2目めの間に右針を入れ、糸を引き、右針に手前から向こうに糸をかけて(2参照)引き出します

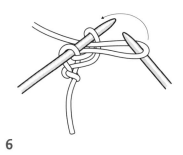

6
引き出した目を、左針に移します

7
3目めができたところ。今できた目とその前にできた目の間に針を入れ、5~7の要領で繰り返し、必要目数を作ります

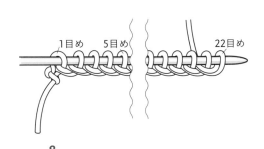

8
22目作り目が編めたところ

あとからほどける目の作り方

作り目をほどいて反対方向に別の編み地を編んだり、編み終わりとつなぎ合わせる場合にも使います。

1 別糸で必要目数のくさり編みをし、裏側のこぶに針を入れて糸を引き出します

2 1を繰り返し、必要目数を拾います（1段めになる）

3 1段めが編めた状態です。続けて編み進みます

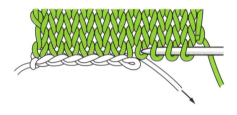

4 作り目のくさりをほどきながら、目を別の針にとります

ガーターはぎ（編み始めと編み終わりをつなぎ合わせる場合）

作り目をほどいて針にとり、作り目側をメリヤスはぎ、編み終わり側を裏メリヤスはぎの要領でとじ針を入れます。

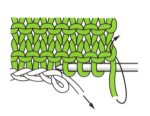 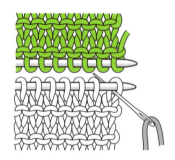 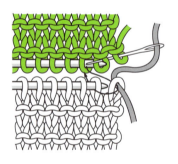

1 作り目をほどきながら、棒針に目をとり、糸端を針にかけて1目作ります

2 下側の編み地の端の目に表からとじ針を入れます

3 図のようにとじ針を入れ、下側の編み地に戻って矢印のようにとじ針を入れます

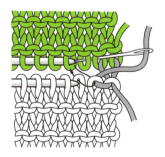 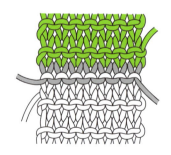

4 上側は表からとじ針を入れて次の目の表に出し、下側は裏からとじ針を入れて次の目の裏に出します

5 4を繰り返します

3目のiコード止め

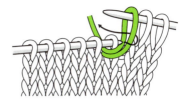  

1 目と目の間に右針を入れ、表目を編むように糸をかけて引き出して新しい目を作り、目をねじって左針に戻します

2 新しく作った目と左の目との間に右針を入れ、同様にしてもう1目作り、目をねじって左針に戻します

3 iコード分の新しい2目ができました。この2目をそれぞれ表目で編みます

4 次の2目(iコードの3目めとその左の目)に、右針を差し入れます

5 糸をかけて表目を編みます(ねじり目の右上2目一度を編んだことになり、1目止められました)

6 3目編まずに左針に戻します

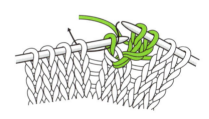

7 表目を2目編み(裏に糸が渡る)、iコードの3目めとその左の目に針を入れ、表目を1目編み、1目減らします

8 6〜7を繰り返してiコード止めをします

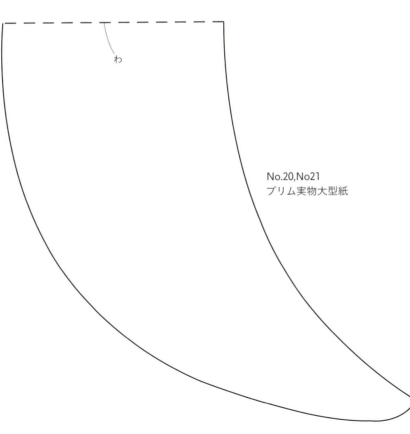

No.20, No.21
ブリム実物大型紙

伏せ止め（伏せ目 ● ）

1 表目で2目編みます

2 1目めを2目めにかぶせます

3 1目めの伏せ目のでき上がり。次の目を表目で編みます

4 前の目をかぶせます

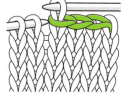

5 3目伏せ目したところ

アイスランディック止め

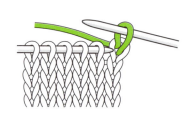

1 表目を1目編みます

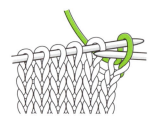

2 1で編んだ目を左針に戻し、1目めに右針を差し入れ、次の目に表目を編むように右針を入れます

3 1目めの中を通して引き出し、糸をかけます

4 表目を編みます。1目減りました

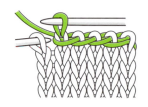

5 2～4を繰り返して必要目数減らしながら、目を止めます

ゴム編み止め

1 1の目をとばして2の目にとじ針を入れて抜き、続けて1の目は手前から、3の目は向こう側からとじ針を入れます

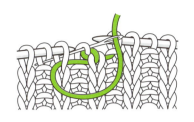
2 表目をとばして裏目と裏目にとじ針を入れます

3 裏目をとばして表目と表目にとじ針を入れます

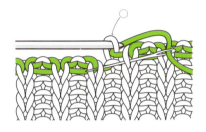
4 2、3を繰り返し、最後は1の目にとじ針を入れます

5 編み終わりの裏目に向こう側からとじ針を入れ、2の目(裏目)にとじ針を入れて矢印の方向に抜きます

6 とじ終わりました

ポンポンの作り方

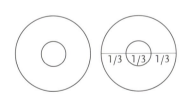
1 厚紙に作りたいポンポンの大きさの円を書き、中央に1/3の円を書いて切り抜きます。これを2枚作ります

2 1の厚紙を2枚重ねて、4本どり位にした糸を。端からきっちりと巻きつけます

3 中央の穴がふさがる位を目安に巻きつけます。穴が小さくなったら、糸をとじ針に通して巻きつけます

4 2厚紙の間にはさみの刃を入れるようにし、糸を少しずつ切ります

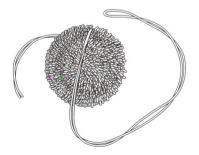
5 厚紙の間に2本どりにした糸を通してしっかり結びます

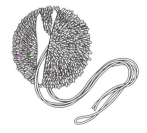
6 厚紙を破ってはずします。飛び出ている毛先を切って、形を整えます

棒針編みの編み目記号の編み方

編み目を知って、もっと編み物を楽しみましょう。

表目 │

  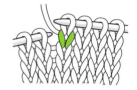

1 糸を向こう側におき、右針を矢印のように入れます

2 右針に糸をかけて、手前側に引き出します

3 表目のでき上がり
1段下(針にかかっている目の下)に編み目ができます

裏目 ─

  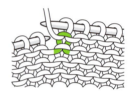

1 糸を手前側におき、右針を矢印のように向こう側から入れます

2 右針に糸をかけて、向こう側に引き出します

3 裏目のでき上がり
1段下(針にかかっている目の下)に編み目ができます

ねじり目

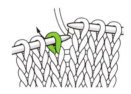  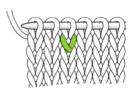

1 右針を矢印のように入れます

2 表目と同様に編みます

3 1段下の目がねじれます

かけ目 ○

  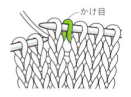 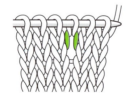

1 右針を糸の向こう側からすくうようにしてかけます

2 右針にかけた糸がはずれないようにして、次の目を編みます

3 針にかかった目が、かけ目です

4 次の段を編むと、かけ目のところに穴があきます

左上2目一度 〆

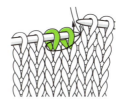  

1 右針を2目の手前側から一度に入れます
2 2目一度に表目を編みます
3 1段下の左の目が右の目の上に重なります

右上2目一度 〉

 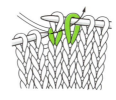  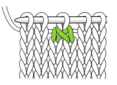

1 右針を手前側から入れて、編まずに移します
2 次の目を表目で編みます
3 左針を矢印のように入れます
4 編んだ目にかぶせます
5 1段下の左の目の上に右の目が重なります

左上2目一度（裏目） 〆

  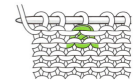

1 右針を2目の向こう側から一度に入れます
2 2目一度に裏目を編みます
3 1段下の左の目が右の目の上に重なります

右上2目一度（裏目） 〆

1 右針を矢印のように入れて、編まずに2目を移します
2 左針を矢印のように一度に入れて2目を移します。目の順序が入れかわります
3 右針を矢印のように入れます
4 裏目を編みます
5 1段下の左の目の上に右の目が重なります

KFBの増し目 ＊この記号は、この本独自のものです。

1 手前から針を入れて糸をかけます

2 糸を引き出し、表目を1目編みます。左針は抜かずにそのままにします

3 矢印のように右針を入れます

4 糸をかけて引き出し、表目を1目編みます

5 1目から2目編み出したところ

ねじり編み 右上2目一度

1 右針を矢印のように、2目一度に入れます

2 2目一度に表目を編みます

3 1段下の右の目が左の目の上に重なり、2目ともねじり目になります

右上2目交差

1 1目めと2目めを別針にとり、手前側におきます。3目めと4目めを表目で編みます

2 別針の1目めと2目めを表目で編みます

3 1段下の右側の2目が上に交差します

編み出し目（3目）

1 表目を編みます

2 左針に目をかけたまま、かけ目、続けて同じ目に表目を編みます

3 1目から3目編み出します

94

引き上げ目 ∩

1 2段めは裏側を見て編みます。糸を手前にして、編まずに右針に移動します（すべり目）

2 右針に糸をかけ、かけ目をします

3 次の目から普通に編みます

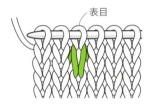

4 すべり目とかけ目の、この状態が引き上げ目の裏側です

5 3段めは表側を見て編みます。前段のすべり目とかけ目を一緒に編みます

6 引き上げ目の次の段を表目で編んだ状態

引き上げ目（裏目）∩

1 1段めは裏目で編みます

2 2段めは裏側を見て編みます。編まずに右針に移します（すべり目）

3 かけ目をします

4 次の目から普通に編みます

5 3段めはかけ目とすべり目を一緒に裏目で編みます

6 引き上げ目の次の段を裏目で編んだ状態

ベルンド・ケストラー　Bernd Kestler

ドイツのヘッセン州ダルムシュタット出身のニット作家。
10代の頃より編み物を始める。1998年に来日。
編み物に関する世界の文献を研究しており、
全国各地の編み物教室で講師をつとめている。
編み物を通して、社会に貢献するプロジェクトを常に模索している。
バイク好きで、ツーリングに出かけるときも編み物道具を手に、
新しい作品や編み物の新しい可能性について考えている。
http://berndkestler.com

素材の入手先

★柳屋(ヤナギヤーン)
TEL 058-201-4444　www.rakuten.ne.jp/gold/yanagiya
ショッペルの毛糸と「リリナ」を扱っている。

★オリムパス製絲株式会社
TEL 052-931-6679　www.olympus-thread.com

★横田株式会社・DARUMA
TEL 06-6251-2183　www.daruma-ito.co.jp/

★株式会社 野呂英作(野呂ヤーン)
www.eisakunoro.com

★ハマナカ株式会社(リッチモア)
TEL 075-463-5151　http://richmore.jp

ケストラーさんオリジナルの
「ニットボール 檜の枡」、柳屋にて。

撮影協力

◆override 明治通り店
TEL 03-5467-0047

◆GARMENT REPRODUCTION OF WORKERS / Au garçons /
Production et Fabrication
TEL 03-5794-0617(コンフェクション)

◆Hands of creation
TEL 03-6427-8867(エイチ・プロダクト・デイリーウエア)

◆原宿シカゴ表参道店
TEL 03-3409-5017

◆フラミンゴ 原宿店
TEL 070-1483-5965

◆AWABEES
TEL 03-5786-1600

写真　西山航(世界文化ホールディングス)
編集協力　相馬素子
ブックデザイン　縄田智子(L'espace)
イラスト、図版　飯島満
スタイリング　串尾広枝
ヘア＆メイク　梅沢優子
モデル　Amuru、Sakura Maya Michiki、
　　　　ベルンド・ケストラー、井上拓海
校正　梶田ひろみ
編集　飯田想美

本書に掲載する作品作りを手伝ってくださった方々に
心からお礼を申し上げます。

天野由美子さん、石口雅代さん、伊藤恵子さん、
伊藤眞理さん、植原のり子さん、金森千顕さん、
小林優美さん、小室弘子さん、後藤小志津さん、
後藤敬子さん、斉藤明子さん、佐藤眞知子さん、
高橋ちほさん、戸田インゲボルグさん、平岡直美さん、
益田安子さん、柳みゆきさん

ベルンド・ケストラー

ドイツ式だからすいすい編める
ベルンド・ケストラーの引き返し編み

発行日　2019年10月25日　初版第1刷発行
　　　　2024年11月30日　　第5刷発行

著　者　ベルンド・ケストラー
発行者　岸 達朗
発　行　株式会社世界文化社
　　　　〒102-8187
　　　　東京都千代田区九段北4-2-29
　　　　電話　03-3262-5117(編集部)
　　　　　　　03-3262-5115(販売部)
印刷・製本　TOPPANクロレ株式会社
DTP製作　株式会社明昌堂
©Bernd Kestler, 2019. Printed in Japan
ISBN978-4-418-19426-1
落丁・乱丁のある場合はお取り替えいたします。
定価はカバーに表示してあります。
無断転載・複写(コピー、スキャン、デジタル化等)を禁じます。
本書掲載の作品を店舗やインターネットで販売すること、
また本書を代行業者等の第三者に依頼して複製する行為は、
たとえ個人や家庭内での利用であっても認められていません。